파문의 힘

성낙수 시집

문학의전당 시인선

파문의 힘

성낙수 시집

문학의전당

시인의 말

50여 년 시를 쓰며 나름 시인으로 살았지만
아직 제대로 된 백자 하나 구워내지 못하고
장 단지 아홉 개 빚는 데 그쳤다.
앞으로 단지를 세 개 더 빚는 것이 목표가 되었다.

아무리 오래 머물러도
다정한 눈빛 주지 않는 것이 시인가 보다.
끝까지 참아내어 오랫동안 벗 되어 살아가야겠다.

날이 밝아온다.

2023년 9월
성낙수

차례

제2부

제3부

제4부

제5부

제1부

그믐달

이른 새벽
긴급 문자로 알려 온

부고 문자보다
슬픈

한 줄
이별 통지

오후 한때

멀리서 새 한 마리 날아와 앉고

바람 불어 자두꽃 사태 지고

뒤란에 흩날리는 꽃잎은 자두나무의 것이고

앞마당 싸리비에 쓸려나가는 방심(放心)은

허술한 나의 것이고

이 모든 사태가 균형을 이룰 때까지

멀리서 날아온 새 한 마리는

여전히 멀리서 날아온 새 한 마리로 앉아 있고

파

강해서
꼿꼿한 것이 아니야

나약해도 패기로 굽히지 않고
하늘 향해 뻗은 거야

똑바로 바르게 서 있어
강한 것이지

그리움

토정비결
어느 구절에도 나와 있지 않은

차마 거역할 수 없는
나의 운명 이야기

일상의 슬픔

일상의 슬픔에게
손 내밀어 악수 청하며

이제는 되었다
그만하면 되었다

속삭여 주고 싶네

시(詩) 1

지겹도록 허접한 놈
밉상인 놈

고민 끝에 빼내어
구겨 버렸는데

그 잔챙이 같은 놈들이
마음에 들 때가 있다

그놈들이
나를 살릴 때가 있다

시(詩) 2

인생에서 불필요한 것
다 빼어 버려

훅, 들어왔다
졸지에 나가 버려

그림자도 없이
여운도 없이

짧은 한숨만
탄식으로 남아

나를 자꾸 괴롭혀

인생

2층 계단도 올라가기 이리 힘이 부친 데

천당까진 어찌 다 오를까?

걱정이네

꿈

별이 되신 할머니

긴 밤
머리맡에 앉아
숨결 불어넣어 주시네

보조개도 여전하시고
잔소리도 여전하시네

꿈속에서도
기분 좋은

지청구를 듣네

천년 은행나무

천년을
그리 무뚝뚝하게
서 계시더니

떡 앞으로 가까이 다가가
공손히 허리 굽히니

그럴싸한
나뭇잎 명함 한 장

툭,
던져 주시네

공림사 느티나무

천년 느티나무에 내려앉은
상고대

화선지 속
수묵담채화 한 폭

도깨비가 그리다 만
그림 속에

흰 새와
부리 큰 검은 새도 눈치 못 챈
천년의 비밀
나이테 속에 감추고 있지

별똥별

멀리 있어도 다들 좋아해
왜 좋아하는지 몰라

한 번도 슬픈 적 없는데
슬플 거라고 말들 해

어깨를 툭, 치며
힘내라고 해

감춘 것도 없는데
자꾸 비밀을 말하라고 해

진짜
슬퍼지려 해

뒤늦은 발견

수의에는 주머니가 없다는 걸
너무 늦게 알았다

장날

국밥 한 그릇 값이면

새벽밥 먹고 나온 더덕 할멈 떨이도 해줄 수 있고

에누리 없이도 얼마든지 웃을 수 있고

속곳 조금 내비친대도 아무도 탓하지 않아

여긴 페미니즘도 없고

셈법도 필요 없어

사람이 먼저거든

민낯

눈치 보며 가자미눈으로 살 것인가
시대의 양심으로 살 것인가

동해까지 가서 가자미에게 물으니

"꼴리는 대로 사세요"

민낯을 들키고 말았다

파문의 힘

수면 위에 퍼지는 동그라미가
파문인 줄 몰랐네

소금쟁이가 물 위에 새겨 놓은
무늬인 줄만 알았네

동그라미가 동그라미를 낳아
파문이 되는 줄 몰랐네

소금쟁이를 살게 하는 힘
파문의 힘

그 파문이, 냇물을,
하류까지 끌고 간다는 걸 알았네

제2부

수화

매듭 없는 소리에 눈 흘기지 마라
그래도 쉼표는 있다

손짓으로 쓰는 문장이
더 간절한

저 몸짓이 시(詩)다
마침표는 생략해도 좋다

아름다운 여백을 가득 채우는
눈빛의 언어

행간이 더 빛나는
문체

물고기 마음

어제 경매가를 보면
오늘 경매가를 알 수 있다는데

그건
지극히 인간의 관점

깊은 바닷속에서 놀던 물고기가
갑자기
삶이 무료해질 때

잡혀줄까 말까
고민을 한다

그날의 경매가는
물고기 마음에 달렸다

두더지 잡기

엉뚱한 곳에 자꾸 눈길이 간다. 핑계 댈 것도 없이 괜스레 답답한 마음에 망치를 든다. 두더지를 잡는다. 두더지 굴에 두더지는 없고 정치인만 있다. 정치는 없고 정치인만 있다. 엉뚱한 곳에 자꾸 눈길이 간다. 두더지를 잡는지 정치인을 잡는지 망치가 가는 대로 때린다. 때려잡는다. 두더지 놀이판에 두더지는 없고 정치인만 있다. 인정도 없고 사정도 없다. 속이 후련해질 때까지 두더지를 잡는다. 정치인을 잡는다. 풀리지 않는다. 엉뚱한 곳에 자꾸 눈길이 간다.

출사표

정치를 시작하려면 먼저 약자의 눈물로 몸을 씻어 보아야 한다.

탑골공원

공짜로
우유 한 팩
크림빵 하나 받아들고
구석진 의자에 걸터앉아
허겁지겁
배를 채웁니다

그래도 이게 어디냐고

이렇게라도 살아야 한다고

가위바위보

과도할 만큼 감정을 잡아서 있는 힘껏 손을 내밀어야 해. 비록 가진 것 없어도 똥배짱으로 밀어붙이는 거야. 대충이란 없어. 단순한 놀이가 아냐. 너의 전부를 걸어. 목숨까지도 걸어. 여기서 지면 끝이야. 퇴로는 없어. 두려움을 떨쳐야 해. 너를 믿어. 너의 땀방울을 믿어. 그러면 돼.

덩굴장미

담벼락 위에
슬쩍 얼굴 내밀고
한눈팔고 있지

나한텐 한눈팔지 말라 해놓고
몰래 한눈팔고 있지

층간 소음

58데시벨
위층과 아래층은 적이야

예민해
물 내려가는 소리에도
신경이 곤두서

열두 척의 배로도
해결이 안 돼

이해하지 못해
격해져
서로 충돌해

목소리 큰 사람이 이겨
무식해야 이겨

승자는 없어

상흔만 남아

사랑이 필요해
배려가 필요해

백수의 봄 1

기다리지도 않았는데
봄은 또 왔지

묵은 달력
넘기지도 않았는데

알람 맞춰 깨우지 않아도
알아서 겨울잠 깨는 개구리
울까 봐 두렵고

수선화 피면
잊었던 사람 생각날까
또 두렵고

백수의 봄 2

혼자 놀기 좋은
봄

술병 속에 가득 채워지는
저녁놀

대나무

바퀴 하나 없이
레일도 없이

객차만 있고 승객은 없는

푸른 기차

꼴불견

아무리 세게 흔들어도
끄떡없이 바람을 다 받아내며
천년을 버텨 온 느티나무

장엄하고
무엄하다

오래전 굴러떨어져
바닥에 드러누운 귀 깨진 석불이
같잖은 눈빛으로
느티나무를 올려다보고 있다

사랑은 죽음보다 강하지

튀르키예 대지진에서 살아남은 삼 개월 아기를 보았지. 지진 잔해 속에서 엄마의 품에 안겨 곤히 잠들어 있었지. 엄마는 아기를 가슴에 품고 목과 팔이 다 골절되어 죽어 있었지. 하늘에 경배하며 소중한 아기를 신의 손에 맡겼지. 아기에게 남긴 마지막 쪽지 "아가야 살아남거든 엄마가 너를 무척이나 사랑했음을 잊지 마라" 죽음의 사자마저도 도망치게 만든 누구도 꺾을 수 없는 모정이었지. 애절한 사랑이었지. 죽음보다 더 강한 사랑이었지.

찰나

들숨으로 일상의 퍼즐 채워지지 않지/무게를 버려야 순간이 오지/보이는 결정이 아니라 오래 묵은 시간에 의해 완성된 매개체/들숨에 날개 달아 전하고 싶은 이야기가 있지/흔들림 없이 가야 하는 고도가 있지/증오 따위 버려도 좋은 그런 세계가 있지/찰나란 그런 것이지/표시하지 않아도 보이는 이정표 같은 것이지/들숨도 모르는 날숨의 뼈대/호랑이의 아미는 문 밖에서 보이지 않지/

새로운 화두

전어에게 물었다.

"며느리는 언제쯤 집에 돌아오겠습니까?"

전어가 답했다.

"그걸 왜 나에게 묻누. 며느리에게 물어봐."

제3부

맛없는 시(詩)

맹물은 아무리 마셔도
맹물일 뿐

아무 맛이 나지 않는다

사랑은 택배로 배달되지 않지 1

멸칫국물 진하게 우려내어
별다른 고명 없이
한 그릇 뚝딱 내어놓는 잔치국수
묵은김치만 얹어도
감칠맛이 나는
당신의 사랑

사랑은 택배로 배달되지 않지 2

이것은
얼마나 비싼 것인지
간편결제로 아무리 주문 넣어도
배송이 되지 않네

고드름

서로 상처 주는
차가운 얼음 아닌

녹아 남김없이
사라진다고 해도

따뜻한
촛불이 되었으면 해

은근히 사위어
그대 품에 깃들게

선입견

바람이 갈대를 괴롭히고 있는 것이라고
그래서 갈대가 우는 것이라고
잘못 알고 있었지

한 번도 자세히 보지 않고
그러리라고 생각했어

어느 바람 부는 날
갈대밭 지나다 알게 되었지

갈대는 우는 것이 아니라, 바람의 힘을 빌려
제 목소리를 내는 거였어

미완성

시를 쓰는 작업은
그림 그리기

천연색 염료 써가며
색감 골라

있지도 않은 정성
짜내어 모아

완성 위해 기발한
연상 못 찾아

버릇대로 빚어내어
국화빵 된

완성도 덜떨어진
그림 한 장

산 그림자

전생에 얼마나 커다란
죄를 지었으면

앞산 큰 바위
모래 한 줌으로 변하도록

미루나무 붓 삼아
푸른 강물 위에 쓴 반성문

읽고
또 읽는다

간격

환상과 환청으로 미래 선보이는 것은
마술도 아닌 주어진 현실이지
서녘의 모서리에서 글썽이고 있는 것
한 번도 본 적 없는 노을의 민낯

울타리와 벽의 차이는
있느냐 없느냐 한 끗 차이로
틈이 조금이라도 있으면 울타리
아무것도 없으면 벽인 것을

오늘과 내일 사이
그 보이지 않는 간격에는
여러 개의 방이 있지만
아무도 운명의 방이라고 하지 않아

A 방에 들어가도 우린 자유롭고
B 방에 들어가도 우린 자유롭고
C 방에 들어가도 우린 자유롭지

벽이라고 다 막힌 것은 아니야
오늘과 내일 사이에 벽이 없듯이
너와 나 사이 간격은 있지만
벽은 존재하지 않듯이

간격이란 그런 거야
단지 거리일 뿐이야

함박눈

얼마나 많이 그리웠으면

눈물이 얼어 흩뿌리나

그리움의 강물

세월은 멈출 수 있을지언정
그리움의 강물은
멈출 수
없네

단심(丹心)

붉게 물든 단풍잎에
연서라도 써서
그대에게 띄워 볼까

떨어져 낙엽이 되기 전에
떨어져 다 잊히기 전에

붉은 마음
더 붉어지도록

서해 낙조

아직 예약하지 못해 애만 태우는

저 수평선 위

황혼이라는 민박집

첫사랑

무엇을 칠해도 지워 버리는
빗물 수채화

다정한 연필 자국만
더욱 선명해져서

가슴속에
빗금만 남았네

봄, 나루터

복사꽃 만발하고
강물 더욱 푸르른데

풋잠 속
꿈결의 연인

두 번 다시
발길 주지 않네

별

검은 상자 속

난수표 같은 꽃들이 가득 피어 있다

제4부

더와 다 사이

할아버지는
살구꽃이 더 많은지
별이 더 많은지
알고 있어?

그럼 다 알지
죽을 때까지 다 셀 수 없어

편지

유치원 다니는 손녀가
아빠에게 많이 혼나 기분이 나쁘다 해서
그럼 편지를 쓰라 했지

"아빠 왜 이렇게 화를 내
굳이 큰소리로 화를 낼 필요 없잖아
아빠가 큰소리로 무섭게 화내면
나도 큰소리로 소리 지르고 싶고
마음이 답답하고 상처받아
그리고 힘들어
안 그랬으면 좋겠어
나도 말 잘 들을게"

이후 아빠는 딸에게 화를 못 내고 있지

크리스마스 선물

주비에게 크리스마스 선물로 뭐 사줄까 물었다. 주비는 지난해 사준 코트며 지지난해 사준 롱부츠는 잊어먹었나 보다. 빠진 앞니 세 개 빨리 나게 하는 약 어떻게든 구해 달라고 한다. 아파트 앞 삼백육십오일 문을 여는 부부약국 들어가 이빨 세 개 빨리 나는 약 사 먹였다. 다음 크리스마스 전에는 꼭 나오기를 손꼽아 기다리는 예쁜 주비 앞니 세 개

문자 1

예고 없이 와
기다리지 않아도 와

일방적이야
작위적이야

뜬금없이 와서
자꾸 재촉해

그리곤
묵묵부답

문자 2

너무 아프지 않게
첫눈처럼 왔으면 좋겠어

너무 슬프지 않게
운명처럼 왔으면 좋겠어

공예 인형 만들기

잡동사니 모아
뼈대 맞춰
모양을 잡아줘

그럴듯하게
눈썹도 그리고
입도 그려

마지막으로 눈을 그릴 땐
각별히 조심해야 해

나의 기분이
너의 기분이 되지 않게

세상의 슬픔이
너의 슬픔이 되지 않게

미소를 그려줘

숨결을 불어넣어 줘

오롯이
혼자 살 수 있게

위로

김장하다
칼에 베인 엄마 손가락
붉은 피가 똑 똑 똑

그 모습에 주비 눈에는
커다란 눈물이 똑 똑 똑

엄마 아파?
내가 호오 해줄게

주비의 동그란 입에서는
사랑 가득
호오오

작은 보물

—민재에게

눈에 넣어도 하나도 안 아파

바라만 보아도 너무 좋지

바람이 불면 꺼질까 봐

멀리서도 후다다닥

해님이 나오면 탈까 봐

멀리서도 후다다닥

꽃보다 더 예쁜 우리 아가

작은 보물

작은 별에게 1
—주비에게

두 손 모아
천 마리 학을 접는다

천 번의 손길과
천 번의 마음 담아

천 마디 말보다 더 긴
단 한 번의 눈길

끝내 사랑한다는 말
접고 또 접는다

작은 별에게 2

—주비에게

더 많이 좋아하는 것이
무슨 죄인가

더 많이 사랑하는 것이
무슨 죄인가

우습고
바보 같아도

동아줄보다 질긴
핏줄로 맺어진

얕잡아 봐도 되는 것
결코 아니지

빗소리

파전 부치는 프라이팬 위에 기름 튀는 소리

세상에서 가장 개운한 소리

찔레꽃

멀리 있어
스스로 다가가서 찔리는 사랑이 있다

말 걸지 못해
혼자 돌을 놓아 만든 징검다리 건너
눈치 없이 생각만 했는데도 기분이 좋아지는
수줍은 그대

차가버섯

너의 나쁜 것이 나에게 와서 좋은 것 되지.
나의 나쁜 것이 너에게 가서 좋은 것 되지.

검은 구름 높이 매달아 놓고
누군가 찾아오길 기다리고 있어.
눈길 쓸어 놓고 기다리고 있어.

너만 기다리고 있어.

이별 이후

아무리 시간이 흘러도
노을 보이지 않아

내 안의 적막만
자꾸 고개를 들지

그만 놓아주려 해도
손을 놓지 않지

빠꾸기시계

원초적 본능 이해해. 탁란하는 습성 탓할 수 없어. 집안 명당 독차지했다고 대신 욕먹고 있어. 그래서 몰염치로 살기로 했어. 빠꾸, 하기로 했어. 어차피 비열한 생존 게임이야. 입 닫고 죽으나 떠들다 죽으나 관심도 없는 족속들이야. 내 멋대로 짖다가 가는 거지 뭐. 빠꾸 빠꾹 빠빠꾹!

제5부

풍차

전설 속 바람의 귀와 눈을 단칼에 끊어 버려.

멀쩡한 날개도 잘라 버려.

바람을 물어뜯어.

너답게 살아.

무심천 연가 1

야속하게
무심히 흘러만 가고
돌아오질 않는다

무심천 연가 2

징검다리 건너
그대는 아니 보이고

꽃비 내리는 냇물 위로
파문만 점점

보이지 않아야 할 그림자만
마음에 남았네

날품

상판대기 없는 허수아비 신세 벗어나지 못해. 애꿎게 팔푼이 운명만 탓해. 돌이킬 수 없는 인생이야. 막무가내로 품팔이 나서고 있어. 해 저무는 것도 모르고 영혼 팔아 어리바리 허풍이나 떨고 있어. 딱 발병 난 낮달 신세야. 고삐 풀린 인생이야. 어처구니없는 게 오히려 감사할 따름이야. 발품이라도 남아야 할 텐데 오리무중이야.

패랭이꽃

인생 모 아니면 도 아니라 도 개 걸 윷 모 멋대로라 재미있어 만났다 헤어졌다 다시 만나 토라진 모습도 너무 예뻐. 사랑앓이로 낮은 자태로 보일 것 다 보여줘. 찰나로 남은 영원, 앉은뱅이 샛별 닮은 여인

융통성

못된 버릇
못된 성깔

불공평
불평불만
불평등

관점의 차이를 극복하는 것

혹은
처세

각오

사랑을 시작하려면 천국의 문보다 먼저 지옥의 문을 열어 보아야 한다.

건배사

건배사가 주인은 아니어야 하지. 부연 설명이 더 긴 건배사 사족이지. 사족 붙이지 말라 하면서 늘 사족이 많지. 그냥 위하여 하면 되는 것을, 건배사가 많아 술이 달보드레 술술 넘어가지 못하고 설설 기어가고 있지.

수면 내시경

잠꼬대 주절거려 되는 일 없지. 쉼표 마침표 느낌표 없이 의지 아닌 수면 중에 주절거려 되는 일 없지. 누워 하는 바보의 주절거림으로 마음대로 할 수 있는 것 없지. 매번 이상 있을까, 잰걸음 걱정이지. 적금 같은 인생 맡겨 놓고 잠시 잠 속에 빠져 걱정이지. 다시 깨어나지 못할까, 두려움 반 기다림 반으로 주절주절. 찰나에 끝나 버리는 단막극 인생살이

철들어 보니

세상엔 흐린 물이 맑은 물보다 많은 줄 알았는데 철들어 흐린 물보다 맑은 물이 많다는 것 알게 되었지 세상 잘못된 것 많아 보였는데 철들어 잘된 것이 잘못된 것보다 많다는 것 알게 되었지 세상 나쁜 놈들이 더 많은 줄 알았는데 철들어 좋은 사람이 훨씬 많은 것 확실히 알게 되었지 내 편 옳고 상대편 그르다고 알았는데 철들어 보니 세상이 잘잘못 내 편 네 편으로 좌우되는 것 아님을 알게 되었지

화병

오래 울컥한 것 참아내다 화병이 난 것인가 울컥해 화병이 난 것인가 모르고 있지. 화병이 깊이 들었어도 눈치 보며 안 난 척해. 그럴듯하게 굳게 참아내고 있어. 이 또한 세상 살아가는 길임을 알고 나서부터는 화병 안 난 듯이 일상 무시하며 살아. 바위가 되어가고 있어.

연리지

찻집에 나란히 앉아 있는
연인을 보면
두 그루의 나무가
하나로 연결된
묶음 같다는 생각이 든다
묶여 있으되 자유롭고
떨어져 있으되
고통을 함께 나누는
연리지 같다는 생각이 든다
바람도 같이 맞고
꽃도 같이 피우는
한 몸이지만
두 개의 꿈을 가진
연리지 같다는 생각이 든다

나팔꽃 사랑

아무리 크게 외쳐도
혼잣말로 치부해

고백을 해도
독백으로 치부해

관심 주지 않으니
괜스레 마음만 졸여

죄 없는 지지대 탓하며
오르고 있지

누군가 봐줄까 하고

포옹

사랑은
중력을 거부해

한 시간 전부터 와락, 끌어안고 있는
저 두 사람

도무지 떨어질 줄 모르네

해설

존재의 흔적, 성층권의 언어들

전결(시인)

올해 초부터 시간 날 때마다 생태공원을 끼고 조성된 집 근처 호숫가를 들락거렸다. 자연이 사람을 어루만지는 위력은 웅숭깊다. 산책로를 따라 천천히 걸으며 메마른 양버들 가지에서 잎이 돋아나기 시작하며 반짝이는 걸 보았고 늙은 용버들이 물에 비친 제 그림자를 물끄러미 내려다보는 모습도 보았다. 어떤 꽃이 필 때 어떤 꽃은 졌다. 봄에 피는 꽃부터 가을에 피는 꽃까지. 지금 피어 있는 꽃과 도래하지 않은 꽃들의 이름을 수첩에 옮겨 적다 보면 뉘엿뉘엿 해는 지고, 이윽고 저녁이 오고, 어둠이 잠긴 호수 어디선가 물고기들이 뛰어올랐다가 다시 빠져드는 소리가 들려 왔지만 그것들의 모습은 볼 수 없었다. 어떤 것은 그것이 사라지고 난 후에 길고 긴 여운만이 그 일이 실재했음을 알려준다.

성낙수 시집 해설 청탁을 받고 나서 나는 봄부터 가을까지 내가 겪었던 것들이 떠올랐다. 존재의 무늬는 우리 내면에 어떤 흔적을 남기는가. 로버트 프로스트의 말을 빌리자면 "시는 기쁨에서 시작하고, 충동에 쏠리고, 첫 행을 씀으로서 방향을 잡고, (…중략…) 마지막 시구에서 최선의 것을 발견하는데, 그것은 지혜로운 동시에 슬픈 어떤 것"이다.

성낙수 시집 『파문의 힘』에서 두드러지는 몇 가지 가운데 하나는 '짧은 시'들로 꾸려져 있다는 것이다. 그리고 해설 자체가 없어도 될 정도로 맑다. 들여다보인다(=쉽게 읽힌다). 필터가 필요 없는 물(=텍스트)이라니! 문학잡지의 지면에 발표하는 뭇 시인들의 시가 지나친 자의식으로 인해 거듭 읽어도 무슨 뜻인지 좀처럼 이해되지 않는 것이 상당함에 비추어 볼 때 성낙수의 시는 간결하고 쉽게 읽힌다는 강점이 있다. 시가 간결하며 접근성이 좋다는 것은 미덕이다. 분명 우리말로 썼는데 몇 번을 읽어도 이해하기 어렵다면 시를 읽는 행위가 얼마나 고통스러운 일이겠는가. 무엇보다, 시는 언어로 표현하는 예술이다. 따라서 쉽게 이해할 수 있는 언어의 통로에서 서로 알아보고 반가워해야 마땅하다. 작품에 대한 별다른 고민 없이 쓰인 상투어가 난무하는 시들이나, 독자의 입장은 아랑곳하지 않고 혼잣말처럼 중얼거리는 시는 어김없이 외면받기 마련이다.

이른 새벽
긴급 문자로 알려 온

부고 문자보다
슬픈

한 줄
이별 통지

—「그믐달」 전문

시는 설명을 생략함으로써 독자를 끌어들이는 언술 형식이다. 시가 요구하는 사유에서는 대상의 겉만 다루는 획일적 사고가 아닌, 대상이 지닌 다양한 의미와 가치를 찾아내어 그것이 함의하는 부분까지 넓고 깊게 들여다보는 다면적 사고가 중요하다. 누가 봐도 슬픈 것을 슬프다고 반복하는 순간부터 슬픔은 질식당한다. 같은 것을 다르게 말할 줄 알면 시는 힘을 얻는다. 얼핏 크게 주목할 만한 부분이 없는 이 시가 왜 눈길을 끄는가. 그것은 '이별'이라는 비통과 애절함을, 그 정서를("한 줄") 그믐달이 지닌 이미지를 통해 우회적으로 표현했기 때문이다.

시가 짧다고 해서 쓰기 쉬울 거라 생각한다면 착각도 그런

착각이 없다. 길고 설명적인 시보다 짧고 압축적인 시가 훨씬 쓰기 어렵다. 시가 구체적이어야 한다는 말은, 경험이나 대상에 대해 서술하듯 꼼꼼하게 써야 한다는 뜻이 아니라 시가 지닌 의미와 구조가 대상을 보다 선명하게 효과적으로 드러나도록 해야 한다는 뜻이다.

우리가 일상에서 자주 사용하는 언어는 관습과 타성에 들러붙어 굳어진 언어이다. 시가 요구하는 언어는 다르다. 시를 쓴다는 행위는 이러한 관습과 타성에 고착되기를 거부하는 행위이며 언어가 가지는 폭넓은 의미를 탐구하는 행위이다. 때문에 일상에서 사용하는 언어와 비교했을 때 그 쓰임새와 격조가 다를 수밖에 없는 것이다. 시인은 남다른 언어의 쓰임새에 대해 높은 인식과 감각을 지닌 사람이다. 이러한 능력은 하루아침에 이루어지는 것이 아니다. 그 능력은 수많은 좌절과 극복을 통해서만 획득할 수 있는 개별성이다. 성낙수 시인 또한 이러한 압박감에서 자유롭기 힘들 것이다. 한 편의 시를 쓰기 위해 고민하고, 실패하면서 그는 시 쓰기의 어려움을 이야기하는데, 그것은 때로 탄식과 자기연민, 혹은 성찰의 모습으로 나타난다.

지겹도록 허접한 놈

밉상인 놈

고민 끝에 빼내어
구겨 버렸는데

그 잔챙이 같은 놈들이
마음에 들 때가 있다

그놈들이
나를 살릴 때가 있다

—「시(詩) 1」 전문

인생에서 불필요한 것
다 빼어 버려

훅, 들어왔다
졸지에 나가 버려

그림자도 없이
여운도 없이

짧은 한숨만
탄식으로 남아

나를 자꾸 괴롭혀

—「시(詩) 2」 전문

한 시인의 진실한 면모는 원숙하고 세련된 역량을 통해서만 나타나지 않는다. 오히려 자신의 민낯에 대한 가감 없는 실토가 있는 그대로의 모습에 가장 가까운 것일 수도 있다. 시를 통한 성찰 속에는 한 인간의 꿈과 희망, 좌절과 욕망이 들어 있는 법이다. 아이러니하게도 우리는 자신이 마주치기 싫어하는 곳에서 자신의 본모습과 자주 맞닥뜨린다. 「시(詩) 1」, 「시(詩) 2」는 창작의 고뇌에 대한 시인의 고백이나 다름없다. 그러나 시인은 좌절과 자기성찰을 통해 자신의 안목과 수준에 맞는 언어를 얻는 방법을 알게 된다. 즉 이것들을 통하여 타인과 차별화된 자신만의 언어를 지니게 되는 것이다. 한 시인의 작업을 총체적으로 수렴하는 시집은 영혼의 집이나 다름없다. 시인은 자신이 행한 작업의 결과를 시집을 통하여 평가받고 싶어 한다. 이름이 널리 알려졌거나 그렇지 못하거나 이러한 바람은 창작하는 이들 모두에게 적용된다. 우리는 널리 알려진 시에 대해서는 말을 아끼지 않지만, 그렇지 못한 시에 대해서는 함구한다.

장자의 산목 편에 보면 쓸모가 없어 살아남은 나무 얘기와 울지 못해 죽임을 당하는 거위 이야기가 나온다. 유용함과 무용함. 세상사 처신의 어려움을 비유한 것이나 이 얘기가 시사

하는 바를 새겨보면 이런 생각에 이르게 된다. 무명의 작가는 세상의 평에 크게 얽매이지 않는다. 그렇기에 그들의 언어는 질박하고 비단을 두르지 않는다. 하지만 이름깨나 있는 작가는 그러기 힘들 것이다. 좀 더 나은 평가, 좀 더 높은 명성을 위해 그들은 밤낮없이 스트레스에 시달린다. 어느 쪽이 낫고 어느 쪽이 못하다는 얘기가 아니다. 누구나 자신의 위치에 따라, 격에 따라 얻거나 누릴 수 있는 게 다르며 그들 각자 그 나름의 가치를 갖는단 얘길 하고 싶은 거다.

2층 계단도 올라가기 이리 힘이 부친 데

천당까진 어찌 다 오를까?

걱정이네!

—「인생」 전문

수의에는 주머니가 없다는 걸
너무 늦게 알았다

—「뒤늦은 발견」 전문

말을 새롭게 쓰려 궁리하다 보면 남들이 보지 못하는 것을 볼 수 있게 된다. 말하자면, '발견하는 것'이다. 시인은 남들이 그냥 지나치는 것, 뒤져봐야 별것 없을 것 같은 곳에서 무엇인가를 찾아 헤매는 사람이다. 직관과 감각을 동반한 언어는 그곳에서 태어난다. 말이 특별해질 때란 평범한 말이 더 이상 평범하게 다가오지 않을 때, 즉 '발견'을 통해서이다.

「뒤늦은 발견」은 단 두 줄로 이루어진 짧은 시이지만 그 속에는 삶과 죽음을 사유하는 남다른 시선이 자리하고 있다. 평범한 말이 '특별'해지는 순간, 그것이 주는 느낌은 이른 여름 저녁의 양풍(涼風)에 다름 아니다.

글을 잘 쓰려면 과학자의 눈을 본받으라는 말이 있다. 관찰을 통하여 우리는 일상에서 허투루 보아 넘기는 사물이나 현상으로부터 전에 알지 못했던 사실을 발견하는 경우가 드물지 않다. 사물의 모양과 빛깔은 아침과 점심, 저녁때가 다를 뿐 아니라 빛의 각도, 세기, 밝기에 따라서 다르게 보인다. 사물을 대하는 태도가 밋밋하고 상투적이어서는 좋은 시를 써낼 수 없다. 관찰을 통하여 자신이 본 사물의 경이로움과 그것들이 가지는 의미를 포착해낼 수 있을 때 좋은 시가 나온다는 사실은, 개성과 독창성을 중요하게 여기는 창작에서 아무리 강조해도 지나침이 없을 것이다. 그것을 위해서는 무엇보다 기계적이고 획일화된 관찰에서 벗어나는 일이 중요하다. 형식적이고 기계적인 관찰을 통해서는 사물의 새로움은 고사하고 그것이 주는 의미조차 발견해내기 어렵다. 하나의 사물을 제대로 관찰한다는 것은 상투적 인식에서 벗어나는 일이

며, 그것이 가진 의미를 찾아내기 위해 집중한다는 뜻이다. 사물에 대한 선입견을 버릴 때, 사물은 관찰자에게 말을 걸어온다.

> 바람이 갈대를 괴롭히고 있는 것이라고
> 그래서 갈대가 우는 것이라고
> 잘못 알고 있었지
>
> 한 번도 자세히 보지 않고
> 그러리라고 생각했어
>
> 어느 바람 부는 날
> 갈대밭 지나다 알게 되었지
>
> 갈대는 우는 것이 아니라, 바람의 힘을 빌려
> 제 목소리를 내는 거였어

—「선입견」 전문

시집에 실린 시편들을 통해 그것을 쓴 사람의 면모를 짐작할 수 있는 것 중 하나로 일상을 통해 드러나는 그의 세계관이나 휴머니티를 들 수 있다. 다음에 언급되는 시들은 평범해 보이지만 결코 평범하지 않은 세계와 시인의 깊이 있는 사유를 엿볼 수 있다. 남녀 구분 없이 사람은 누구나 태어나고, 사랑하고, 죽는다. 그러나 평범을 평범하지 않게 다루려 할 때 말은 생각보다 많은 것을 보여주기도 한다. 예컨대, 「장날」은 남녀평등을 부르짖는 페미니즘이나 사람 사이 오가는 이익보다는 '사람이 먼저'라는 것을 인생을 조금 더 살아본 자의 입장에서 현 세대에 던지는 충고로 읽는다. 충고도 따뜻할 수 있다는 지혜가 느껴진다. 「고드름」은 하나는 차갑고 다른 하나는 뜨거운 성질의 고드름과 촛불의 대비를 통해 헌신과 희생정신을 보여준다. 손녀와의 일화를 바탕으로 사람 사이에서 일어나는 불화와 갈등을 화해로 풀어내는 「편지」를 통하여 우리는 성낙수 시인이 추구하는 세계관이나 인간성에 대해 어렵지 않게 짐작해 볼 수 있다.

국밥 한 그릇 값이면

새벽밥 먹고 나온 더덕 할멈 떨이도 해줄 수 있고

에누리 없이도 얼마든지 웃을 수 있고

속곳 조금 내비친대도 아무도 탓하지 않아

여긴 페미니즘도 없고

셈법도 필요 없어

사람이 먼저거든

—「장날」 전문

서로 상처 주는
차가운 얼음 아닌

녹아 남김없이
사라진다고 해도

따뜻한
촛불이 되었으면 해

은근히 사위어
그대 품에 깃들게

—「고드름」 전문

유치원 다니는 손녀가
아빠에게 많이 혼나 기분이 나쁘다 해서
그럼 편지를 쓰라 했지

"아빠 왜 이렇게 화를 내
굳이 큰소리로 화를 낼 필요 없잖아
아빠가 큰소리로 무섭게 화내면
나도 큰소리로 소리 지르고 싶고
마음이 답답하고 상처받아
그리고 힘들어
안 그랬으면 좋겠어
나도 말 잘 들을게"

이후 아빠는 딸에게 화를 못 내고 있지

—「편지」 전문

시는 직접적으로 말하는 것보다 에둘러 말할 때 보다 효과적이다. 사물이나 어떤 이야기에 대한 직접적 발화는 인간을 들뜨게 하지 않는다. 숨겨놓고 기미만 알려주기, 비유적인 말 걸기에서 대다수의 사람들은 감동이라는 청량음료가 담긴 잔을 건네받는 것이다.

시는 읽는 사람의 취향에 따라 다르게 대접받는 경우가 흔하다. 물론 가장 바람직한 건 읽는 이의 취향과 작품성이 함께 맞아떨어지는 것이겠지만, 세상사가 어디 그렇던가. 하나가 마음에 들면 다른 하나는 그렇지 못한 경우가 우리가 마주

하는 일들 중에는 많다. 예컨대 난해하고 복잡한 시를 좋아하는 사람에게 자연과의 조화와 삶의 감동을 노래하는 경향의 시를 권유할 경우를 생각해 보자. 상대는 난처할 것이다. 반대의 경우도 마찬가지일 것이다. 새를 새장에 가두고 키우는 일은 애호가들에겐 기쁨이지만 새의 입장에서는 그렇지 못하다. 입장의 차이란 주체가 누구냐에 따라 달라진다. 서정을 바탕으로 시를 쓰는 시인들이 대개 그러하듯 바람, 갈대, 달, 꽃, 사랑, 그리움 등과 같이 성낙수 시인이 끌어오는 시의 소재들 또한 그 범주를 크게 벗어나지 않는다. 하지만 그것을 어떻게 인식하고 새롭게 정의하느냐의 관점에서 성낙수는 자기만의 어떤 경지에 도달한 듯하다.

멀리서 새 한 마리 날아와 앉고

바람 불어 자두꽃 사태 지고

뒤란에 흩날리는 꽃잎은 자두나무의 것이고

앞마당 싸리비에 쓸려나가는 방심(放心)은

허술한 나의 것이고

이 모든 사태가 균형을 이룰 때까지

멀리서 날아온 새 한 마리는

여전히 멀리서 날아온 새 한 마리로 앉아 있고

—「오후 한때」 전문

음식을 만들 때 좋은 재료를 쓴다고 반드시 맛있는 음식이 나오진 않는다. 체득한 레시피와 적절한 양념과 요리사의 정성, 그릇에 음식을 보기 좋게 담아내는 일이 함께 어우러져 음식은 완성된다. 시라고 크게 다르겠는가. 시인은 특별한 말을 사용해서 시를 특별하게 만드는 것이 아니라 일상의 말들이 특별해지는 순간을 포착해냄으로써 평범하지 않게 시라는 그릇에 담아낸다.

성낙수 시인의 시가 지닌 특징은 그가 맞닥뜨리는 상황의 적절한 배치와 그것들이 환기하는 정서에 시적 상상력을 개입시키고 대상으로부터의 자극에 활달하게 반응하는 역동성에 있다. 시와 시인을 둘러싼 세계를 바라보는 성낙수의 시선은 자신으로부터 대상으로, 혹은 대상으로부터 자신에게로 방사되거나 수렴된다. 이러한 과정의 반복을 통하여 시인은 스스로를 돌아보고 타자 혹은 대상과 자신과의 거리를 좁히려는 노력을 멈추지 않는다. 우리가 느끼는 성낙수의 시의 활달함

이나 따뜻함은 여기에서 비롯한다. 이러한 것들에 대해 그는 독자에게 동조를 종용하지 않으며 그것을 위하여 애써 그 자신을 미화시키지도 않는다. 그의 목소리가 늦저녁 물가에 번지는 파문처럼 웅숭깊게 번지는 때가 바로 그때다. 그때 들려주는 그의 목소리는 나직하고 소박해서 사람을 끌어당기는 힘을 갖고 있다.

수면 위에 퍼지는 동그라미가
파문인 줄 몰랐네

소금쟁이가 물 위에 새겨 놓은
무늬인 줄만 알았네

동그라미가 동그라미를 낳아
파문이 되는 줄 몰랐네

소금쟁이를 살게 하는 힘
파문의 힘

그 파문이, 냇물을,
하류까지 끌고 간다는 걸 알았네

—「파문의 힘」 전문

나무는 오랜 풍상을 겪을수록 그 중심의 목질이 단단하다. 계절마다 피는 꽃이 다르고 지는 꽃도 그렇다. 꽃이 피고 지는 일에 순서는 있으나 우열은 없다. 성낙수 시인이 피울 꽃이 가장 늦은 계절에 피는 것이라면 남다른 자태와 향기를 내뿜을 수 있기를 바란다. 성낙수의 시를 읽고 이 글을 쓰는 동안 자판기 옆에서 들썩거리던 모리스 블랑쇼의 『불의 몫』과 『헛디딤』에서 흘러나온 "종(鐘)을 떨려 울리게 만드는 눈[雪]"이라는 글자가 서로 엉켜 내 눈을 부시게 한다. 이 '—부질없는—' 말, 혹은 '—헛된—' 말에 지나지 않는, 텍스트에 가해진 '해설—해석—'이라는 것은, 한스 게오르그 가다머의 말에 의하면 "자, 이것이 역설적인 것이다. 해석이 사라질 준비가 되어 있을 때에만 오로지 그 해석은 정당하다. 그런데 그와 동시에, 사라져야 할 운명을 안고 있는 이 해석이 빛을 보아야만 하는 것도 사실이다. 이해 가능성은 그러한 중재적인 가능성에 달려 있다". 즉, 비평은 종(鐘) 위에 떨어지는 눈[雪]처럼 사라진다. 하지만 비평의 흔적은 남는다. 이 글이 성낙수의 시를 울린 흔적에 지나지 않겠지만 나는 매우 즐겁다. 어느 시인의 시구처럼 꽃피는 "나무는 불의 모계(母係)에 관여한다"고 했듯이, 성낙수의 시가 '시라는 숲에 불타는 한 그루의 나무'가 되길 기원해 마지않는다.

문학의전당 시인선

파문의 힘

초판 1쇄 발행 2023년 9월 21일
초판 2쇄 발행 2023년 10월 12일
지은이 성낙수
펴낸이 고영
디자인 헤이존
펴낸곳 문학의전당
출판등록 제448-251002012000043호
주소 충북 단양군 적성면 도곡파랑로 178
전화 043-421-1977
전자우편 sbpoem@naver.com

ISBN 979-11-5896-612-6 03810